Contabilidad:

Contabilidad financiera, principios de contabilidad y administración contable version simplificada

Por

Income Mastery

o mal uso de la información en cuestión por parte del lector hará que las acciones resultantes sean únicamente de su competencia. No hay escenarios en los que el editor o el autor de este libro puedan ser considerados responsables de cualquier dificultad o daño que pueda ocurrirles después de realizar la información aquí expuesta.

Además, la información en las siguientes páginas está destinada únicamente a fines informativos y, por lo tanto, debe considerarse como universal. Como corresponde a su naturaleza, se presenta sin garantía con respecto a su validez prolongada o calidad provisional. Las marcas comerciales que se mencionan se realizan sin consentimiento por escrito y de ninguna manera pueden considerarse como auspicios de la misma.

TABLA DE CONTENIDO

Introducción

¿No te ha pasado que necesitas dinero y vas a la caja chica de tu empresa y nunca tienen? ¿O necesitas recursos y la empresa no tiene capital en ese momento?

Este fenómeno se repite mucho en las empresas que no cuentan con un equipo serio o dedicado a la contabilidad de la empresa, por lo que no hay un control del presupuesto de la misma.

Pero, ¿sabes lo que significa la contabilidad?

Es un área perteneciente a la contaduría pública que tiene como objetivo el registro cronológico de los eventos económicos identificables y cuantificables. Es además la herramienta principal para la toma de decisiones, pues se fundamenta en la información financiera que se genera por una entidad, y tiene como objetivo producir y comunicar información importante sobre las finanzas de la compañía.

La contabilidad además es una gran aliada del presupuesto, y permite tener un control absoluto de las finanzas de la empresa, evitando que ocurran accidentes financieros en la misma, como entrar en banca rota, tener fuga de capitales, o evitar gastos masivos en los presupuestos.

Los contadores son expertos en administrar los bienes o patrimonio de una compañía, los cuales arrojan una suerte de indicador económico sobre el estatus de las finanzas de la compañía. Estos estatus son completamente minuciosos, lo que permite identificar rápidamente cualquier falla dentro de toda la organización, pues mientras más grande sea la organización, mayor debe ser el nivel de cuidado sobre el patrimonio y las finanzas de la compañía. La contabilidad tiene muchísimos elementos básicos que deben ser tomados en cuenta a la hora de evaluar el patrimonio de la compañía como masas patrimoniales, estructura de balances (activo y pasivos), libros contables, entre otros, los cuales serán desarrollados a lo largo de este texto y explicados detalladamente para que puedas tener un conocimiento apto para el desarrollo de la contabilidad de tu empresa o de tus ingresos personales.

Se dice que la contabilidad y sus diversas técnicas están ligadas al desarrollo del comercio, la agricultura y la industrialización como actividades de poder económico, lo cual nació en la antigua Roma, pues se buscaba la forma de conservar el registro de las transacciones y resultados obtenidos en toda actividad comercial del momento, e incluso se especula que la contabilidad inició cuando se hacían operaciones a través del trueque, y que no eran liquidadas en el momento de entregar o recibir la mercancía.

Muchos arqueólogos han encontrado en las civilizaciones del Imperio inca, del Antiguo Egipto y de Roma, varias manifestaciones de registros contables que, de una manera básica, constituyen un registro de las entradas y salidas de productos comercializados, así como del dinero. El uso de la moneda fue de suma importancia para el desarrollo de la contabilidad, debido a que no cabía una evolución semejante en una economía de trueque.

Según historiadores, y aunque hay pocos documentos conservados de la antigua roma que verifican la siguiente información, se conoce que la contabilidad cumplía un papel relevante en la economía romana, ya que la inscripción de préstamos en el libro contable del acreedor (Codex rationum) y el libro de ingresos y gastos, (codees acceti et expensi) se admitían como medio jurídico de prueba para ese momento.

¿Conoces el sistema Partida Doble?

Es el método o sistema de registro de las operaciones más usado en la contabilidad. Cada operación se registra dos veces, una en el deber y la otra en el haber, con el fin de establecer una conexión entre los diversos elementos patrimoniales. La anotación que involucra las dos partidas (deber y haber) se denomina asiento contable. Este sistema es similar a una balanza en equilibrio, pues dentro de un asiento contable, la sumatoria de los conceptos del deber y del haber siempre tienen y deben que ser iguales.

Ante los modernos sistemas de procesamiento de datos, se sostiene la conveniencia de separar los conceptos activo, pasivo y resultado en sendas columnas, para convertir el diario en un soporte con calidad informática.

Tipos de contabilidad

La contabilidad puede ser clasificada de dos maneras dependiendo del criterio de división utilizado. Dependiendo al tipo de unidad económica a la que se refiere la información contable generada, se puede hacer la siguiente clasificación:

- Teoría contable: está conformado por reglas, normas, principios, técnicas, procedimientos, criterios e instrumentos que son la base de la contabilidad.

- Proceso contable: es un conjunto de pasos y procedimientos que forman parte del desarrollo y cumplimiento de las metas que tiene una entidad, los cuales son: sistematización, valuación, procesamiento, evaluación y por último el resultado en información.

Macrocontabilidad

Se refiere a la contabilidad nacional, pues ofrece la representación numérica sistemática de la actividad económica de un país, durante un periodo determinado. Es elaborada por los Estados y suministra información útil que orienta la política económica del país.

Microcontabilidad

Es la contabilidad de las pequeñas unidades económicas. Su principal función es facilitar información que se utilizará en la toma de decisiones. Dentro de la microcontabilidad se distingue una contabilidad pública, ejecutada por las distintas administraciones públicas y una contabilidad privada, orientada a la empresa. En la contabilidad empresarial, los usuarios de la información contable pueden ser divididos en dos: internos y externos.

El grupo de usuarios internos está conformado por todas aquellas personas u organismos que utilizan la información desde dentro de la empresa para la toma de decisiones adecuada en la dirección de la misma. Los usuarios externos utilizan la contabilidad para la gestión de la empresa objeto de la información, y comprenden a todos aquellos entes que no participan en la gestión, como accionistas, acreedores, prestamistas, clientes, inversores, empleados y la administración pública, especialmente la administración tributaria, y que necesitan básicamente de la información contable para tomar también decisiones y controlar la empresa desde múltiples puntos de vista. Dependiendo de los usuarios o participantes de la contabilidad, se clasifican entre contabilidad financiera y contabilidad directiva o de gestión:

- Contabilidad financiera (externa): proporciona la información esencial del funcionamiento y estado financiero de la empresa a todos los agentes económicos interesados (clientes, inversores, proveedores, administraciones públicas, etc.). La legislación de muchos de los países del mundo regula las normas y reglas de la contabilidad financiera, pues de esta manera buscan homogeneizar la información resultante y darle mayor credibilidad y comparabilidad. La contabilidad financiera suele tener poco detalle porque contiene una información muy agregada.

- Contabilidad de gestión o contabilidad directiva (interna): es la contabilidad elaborada con una finalidad interna o de autoconsumo en la propia empresa, y se utiliza para el cálculo de los costos, estados económicos y productivos en el interior de la empresa que servirán para tomar decisiones en cuanto a producción, organización, mercadotecnia, etc. Su característica principal es ser más flexible, pues se basa en la autorregulación. Está sometida únicamente a las normas que se autoimponga la propia empresa y no a normas legales, pues suele ser más detallada que la contabilidad financiera, y también es más inmediata que esta, porque ha de servir para decisiones muy próximas. La contabilidad de costos es una herramienta muy útil para el uso interno de los directivos de las empresas para el desarrollo de las funciones de planificación, control y toma de decisiones.

Conceptos básicos y estados contables dentro de la estructura de la contabilidad

Como lo mencionamos al inicio, existen diversos términos y conceptos que forman parte de la contabilidad, y que debes tomar en cuenta a la hora de crear la contabilidad de tu negocio. En estos momentos hablaremos de algunos de ellos.

- Activo: Está construido por bienes y servicios que poseen diversas capacidades funcionales y operativas que se mantienen durante el desarrollo completo de cada actividad socioeconómica. Hay que destacar que en el caso de las empresas, sus activos varían de acuerdo con la naturaleza de la actividad desarrollada.

Tipos de activo

Los diferentes tipos de activos son los siguientes:

- Activo corriente: son bienes y derechos adquiridos con intención de que permanezcan menos de un año; como es el caso de las existencias.

- Activo no corriente o Activo fijo: bienes y derechos adquiridos con intención de que permanezcan en la empresa durante más de un año, que no se han adquirido con fines de venta; como maquinarias y bienes inmuebles.

- Activo financiero: es el mismo activo intangible materializado en un título o simplemente en una anotación contable, por el que el comprador del título adquiere el derecho a recibir un ingreso futuro de parte del vendedor. Los activos financieros son emitidos por las unidades económicas de gasto y constituyen un medio de mantener riqueza para quienes los poseen y un pasivo para quienes lo generan.

- Activo intangible: el activo intangible es de naturaleza inmaterial. Por ejemplo, el valor de una marca, que no puede ser medido de manera física. Se tiene en cuenta en la contabilidad porque posee la capacidad de generar beneficios económicos futuros que pueden ser controlados por la entidad económica.

- Activo subyacente: está sujeto a un contrato normalizado y es el objeto de intercambio, es decir, es aquel activo sobre el que se efectúa la negociación de un activo derivado.

- Activo funcional: se denomina de esta forma a la parte del activo que contribuye, de acuerdo a los fines y objetivos de una empresa, en la producción de bienes y servicios de esta.

- Activo diferido: representan costos y gastos que no se cargan en el período en el cual se efectúa el desembolso, sino que se pospone para cargarse en períodos futuros, los cuales se beneficiarán con los ingresos producidos por estos desembolsos, aplicando el principio contable de la asociación de ingresos y gastos. Son gastos que no ocurren de manera recurrente.

- Activos a largo plazo: estos son los activos tangibles con un tiempo de vida superior promedio a un año, que no está hecho para revender y que es usado en las operaciones de un negocio. Estas pueden incluir planta y equipo, pero no inventario o cuentas por cobrar. Son aquellos que tienen una apariencia física y pueden ser tocado, tales como monedas, edificios, bienes inmuebles, vehículos, inventarios, equipos y metales preciosos.

- Activos a corto plazo: son títulos emitidos por entidades públicas o privadas con el fin de obtener recursos financieros a c/p, por parte de inversionistas. Financieramente son operaciones simples emitidas generalmente al descuento, compuestas por una prestación (el efectivo entregado al inicio de la operación) y una contraprestación (el nominal del título a recibir al término de la operación).

Pasivo

Este representa las deudas y obligaciones con las que una empresa financia su actividad y le sirve para pagar su activo. También se conoce con el nombre de estructura financiera, capital financiero, origen de los recursos y fuente de financiación ajena.

Son deudas que tenemos en el presente pero que hemos contraído en el pasado. Un ejemplo de obligación es el préstamo con una entidad financiera. Al adquirir ese préstamo, estamos obligados a pagar el principal y los intereses al proveedor (documentado en una factura o en una letra de cambio).

Componentes del pasivo

- Pasivo no corriente: está compuesto por todas aquellas deudas y obligaciones financieras que tiene una empresa a largo plazo. En pocas palabras, son las deudas cuyo vencimiento es mayor a un año. Al tener un vencimiento mayor a un año, no deberán devolver el principal durante el año en curso. Ahora bien, lo que sí se debe pagar son los intereses.

- Pasivo corriente: es la parte del pasivo que contiene las obligaciones a corto plazo de una empresa, es decir, las deudas y obligaciones que tienen una duración menor a un año. Por ello, también se le conoce como exigible a corto plazo.

La distinción entre elementos del pasivo corriente y no corriente, no se encuentra en su naturaleza, sino en función de la fecha de vencimiento de la deuda.

Grados de exigibilidad de pasivos

Es el menor o mayor plazo que se dispone para liquidar una deuda o una obligación.

- Mayor grado de exigibilidad. Una deuda posee mayor grado de exigibilidad, en tanto sea menor el plazo del que se dispone para liquidarla.

- Menor grado de exigibilidad. Una deuda posee un menor nivel de exigibilidad cuando es mayor el plazo del que se dispone para liquidarla.

Dependiendo de su mayor y menor grado de exigibilidad, las deudas y obligaciones que forman parte del Pasivo se clasifican en tres grupos:

Pasivo circulante o flotante. Este grupo está formado por todas las deudas y obligaciones cuyo vencimiento sea en un plazo menor de un año; dichas deudas y obligaciones tienen como característica principal que se encuentran en constante movimiento o rotación.

Los principales factores que forman el Pasivo circulante o flotante son:

- Proveedores

- Documentos por pagar

- Acreedores diversos

Pasivo fijo o consolidado. Está conformado por todas aquellas deudas y obligaciones con vencimiento mayor de un año, contado a partir de la fecha del Balance.

Los principales factores que forman el Pasivo fijo o consolidado son:

- Hipotecas por pagar o Acreedores hipotecarios

- Documentos por pagar (a largo plazo)

Cuando existan créditos a pagar a largo plazo, digamos a cinco años, de los cuales se deba cubrir mensual o anualmente una parte determinada, dicha parte debe considerarse un Pasivo circulante y, el resto del crédito, un Pasivo fijo o consolidado.

Pasivo diferido o Créditos diferidos. Está formado por todas aquellas cantidades cobradas anticipadamente, por las que se tiene la obligación de proporcionar un servicio, tanto en el mismo ejercicio como en los posteriores.

Los principales servicios cobrados por anticipado que integran el Pasivo diferido o Créditos diferidos, son:

- Rentas cobradas por anticipado

- Intereses cobrados por anticipado.

Las cantidades cobradas por anticipado se deben considerar un Pasivo, porque generan la obligación de proporcionar un servicio equivalente a la cantidad cobrada anticipadamente.

Los servicios o productos cobrados por adelantado, tienen como característica principal que su valor se va disminuyendo con el pasar del tiempo o a medida que se vayan proporcionando dichos servicios.

Por ejemplo, el cobro anticipado de dos años de renta con valor de $60.000.00 cada uno, que se recibió al principio del ejercicio, es natural que al terminar el plazo no se tenga el mismo importe, ya que su valor ha ido disminuyendo según ha transcurrido el tiempo.

Si evaluamos este ejemplo, se puede apreciar que, de los servicios cobrados por anticipado, únicamente se debe considerar de utilidad la parte disminuida por el transcurso del tiempo y el resto, un Pasivo diferido.

No debe olvidarse que todo servicio cobrado por anticipado es convertible en utilidad conforme transcurre el tiempo o se vayan proporcionando dichos servicios.

Capital: Designa la diferencia entre el activo y el pasivo de una empresa. Presenta la inversión de los propietarios o accionistas en una entidad, y consiste en sus aportes más o menos, sus utilidades retenidas o pérdidas acumuladas, más otros tipos de superávit como el exceso o insuficiencia en la acumulación del capital contable y las donaciones.

Conformación del capital contable:

- Capital Social.

- Aportaciones.

- Donaciones.

- Utilidades retenidas por estar en la Reserva o por estar pendientes de aplicar.

- Pérdidas Acumuladas.

- Actualización del Capital Contable.

Composición del capital

Está compuesto por el capital contribuido y el capital ganado

-   Capital Contribuido: Se refiere a las aportaciones de los dueños y donaciones recibidas por la entidad. Dentro del Capital Contribuido tenemos al Capital Social.

-   Capital Social: Son los aportes o aportaciones de socios o accionistas, considerado en la escritura constitutiva o en sus reformas. Está integrado por:

-   Capital Autorizado no emitido: Lo constituye la diferencia entre el capital de la sociedad autorizado en las escrituras y la cantidad que se ha puesto a suscripción. Esta diferencia puede o no estar suscrita, desde el punto de vista de los Estados Financieros no es parte integrante del Capital Contable, pero sí un elemento de Información.

-   Capital Emitido no suscrito: Lo representa aquella parte del capital emitido en las actas de asamblea de accionistas y pendientes de suscribir, esta parte del capital social tampoco es un elemento del capital contable desde el punto de vista financiero, pero sí desde el punto de vista informativo.

- Capital Suscrito: Representa la parte del capital emitido que los socios o accionistas se comprometen a exhibir, desde el punto de vista de los Estados Financieros SÍ es parte integrante del Capital Contable.

- Capital Suscrito y no exhibido: Es el Capital o patrimonio Suscrito por los socios o accionistas cuyo dinero se encuentra pendiente de recibir, deberá presentarse en el Estado de Situación Financiera disminuyendo el capital Suscrito.

- Capital Exhibido: Representa la cantidad que los socios o accionistas han exhibido o han aportado efectivamente.

- Capital Ganado: Es el resultado de las actividades de la entidad y de otros eventos o circunstancias que influyan, como el ajuste por recuperación de los cambios a los precios que se tengan que reconocer.

Gastos (egresos)

En contabilidad, se denomina gasto o egreso a la anotación o partida contable que disminuye el beneficio o aumenta la pérdida de una sociedad o persona física. Se diferencia del término costo porque precisa que hubo o habrá un desembolso financiero.

El gasto es una salida de dinero que "no es recuperable", a diferencia del costo, que sí lo es, por cuanto la salida es con la intención de obtener una ganancia, cosa que lo hace una inversión recuperable: es un egreso de dinero y además se obtiene una utilidad.

Podemos decir también que el gasto es la corriente de recursos o potenciales de servicios que se consumen en la obtención del producto neto de la entidad: sus ingresos.

El gasto se define como expiración de elementos del activo en la que se han incurrido voluntariamente para producir ingresos.

Ingresos: Son las cantidades que recibe una empresa por la venta de sus productos o servicios, además, son el conjunto de rentas recibidas por los ciudadanos. Estos ingresos se dividen en:

Ingresos empresariales: son incrementos en el patrimonio neto de la empresa durante el ejercicio, ya sea en forma de entradas o aumentos en el valor de los activos, o de disminución de los pasivos, siempre que no tengan su origen en aportaciones, monetarias o no, de los socios o propietarios. Cuando el ingreso tiene origen de actividades productivas, puede clasificarse en:

- Ingreso total.

- Ingreso marginal: generado por el aumento de la producción en una unidad.

- Ingreso medio: se obtiene, en promedio, por cada unidad de producto vendida; es decir, es el ingreso total dividido en el total de unidades vendidas.

- Ingreso del producto marginal: generado por la tarea de contabilidad de algún factor de producción, por ejemplo, la utilización de un trabajador más.

Ingresos ordinarios y extraordinarios: los ingresos también pueden clasificarse en ordinarios y extraordinarios. Los ingresos ordinarios son todos aquellos que se obtienen de manera habitual.

Por ejemplo, el salario de un trabajador que se ocupa en un trabajo estable o las ventas de una empresa u organización a un cliente que adquiere de manera periódica o de forma habitual. Los ingresos extraordinarios son todos los que provienen de acontecimientos especiales.

Por ejemplo, un negocio inesperado por parte de una persona o una emisión de bonos por parte de un gobierno.

Ingresos pasados: los Estados también reciben ingresos, llamados ingresos públicos. El Estado recibe, con el presupuesto público, ingresos por el cobro de impuestos, por la venta de bienes producidos por empresas públicas, por utilidades que generan estas mismas, por ventas o alquileres de propiedades, por multas impuestas o por emisión de bonos u obtención de créditos, entre otros. Cuando los ingresos son provenientes de impuestos, se denominan ingresos tributarios, ahora bien, cuando son provenientes de fuentes distintas a los impuestos se denominan ingresos no tributarios. Con estos ingresos, los organismos gubernamentales pueden realizar sus gastos, sus inversiones, etc.

Estados Financieros

Estados financieros, también denominados estados contables, informes financieros o cuentas anuales, son informes que utilizan las instituciones para dar a conocer la situación económica y financiera y los cambios que puede experimentar la misma en una fecha o periodo determinado. Esta información es de gran utilidad para la Administración, gestores, reguladores y otros tipos de interesados como los accionistas, acreedores o propietarios.

La mayor parte de estos informes confrman el producto final de la contabilidad y son elaborados de acuerdo a principios de contabilidad generalmente aceptados, normas contables o normas de información financiera. La contabilidad es llevada adelante por contadores públicos que, en la mayoría de los países del mundo, deben registrarse en organismos de control públicos o privados para poder ejercer la profesión.

Los Estados financieros obligatorios pueden depender de cada país, y los componentes más habituales los siguientes:

·   Estado de situación patrimonial, también denominado Estado de Situación Financiera, Balance General o Balance de Situación.

·   Estado de resultados es el Estado de Pérdidas y Ganancias o cuenta de pérdidas y ganancias.

- Estado de evolución de patrimonio neto, también denominado Estado de Cambios en el Patrimonio Neto.

- Estado de flujo de efectivo.

- Memoria, conocidas como Notas de los Estados Financieros.

- Informe de información no financiera, de obligado cumplimiento en el 2018).

Los Estados Financieros son de gran importancia para todos los usuarios ya que poseen datos que, complementados con otras informaciones como las condiciones del mercado en que se opera, permiten diagnosticar y evaluar todas las políticas a seguir considerando nuevas tendencias (limitaciones de los estados financieros). Así mismo, se dice que para la presentación de los estados financieros se deberá considerar información real para ser más exactos con los resultados.

La información financiera debe recaudar o recoger determinadas características cualitativas con el objetivo de proporcionar el cumplimiento de sus objetivos y, en consecuencia, garantizar la eficacia en su utilización por parte de sus diferentes destinatarios (usuarios).

Las características que deben reunir los estados financieros son:

1.   Comprensibilidad: se refiere a la información o datos que debe ser de fácil comprensión para todos los usuarios, no obstante, también se deben agregar notas que permitan el entendimiento de temas complejos, para la toma de decisiones.

2.   Relevancia / sistematización: la información será de importancia relativa, cuando al presentarse dicha información y omitirse por error, puede perjudicar e influir en las decisiones tomadas.

3.   Confiabilidad: es toda la información que debe estar libre de cualquier error material, debe ser neutral y prudente para que pueda ser útil y transmita la confianza necesaria a los usuarios.

4.   Comparabilidad: esta información se debe presentar siguiendo las normas y políticas contables, de manera que permita la fácil comparación con periodos anteriores para conocer la tendencia, y también permitirá la comparación con otras empresas.

5.   Pertenencia: Debe satisfacer las necesidades de los usuarios.

PIB – Producto Interno Bruto

Es una magnitud macroeconómica que expresa el valor monetario o patrimonial de la producción de bienes y servicios de demanda final de un país o región durante un período determinado, normalmente de un año o trimestrales.

El PIB es usado como objeto de estudio de la macroeconomía. Para su estimación, se emplean varios enfoques complementarios. Tras el obligatorio ajuste de los resultados obtenidos, en forma parcial, resulta incluida en su cálculo la economía sumergida.

No obstante, existen limitaciones a su uso, además de los mencionados ajustes necesarios para la economía sumergida, el impacto social o ecológico de diversas actividades puede ser importante para lo que se esté estudiando, y puede no estar recogido en el PIB. Existen diversas medidas alternativas al PIB que pueden ser útiles para determinadas comparaciones.

Variables Flujo, variables Fondo y PIB

El PIB es una magnitud denominada flujo que contabiliza solamente los bienes producidos o servicios prestados durante la etapa de estudio.

El verdadero significado de flujo o corriente se contrapone al de fondo o stock. El primero se refiere a un periodo (día, semana, mes, año, etc.), que además, debe expresarse de forma clara, si bien en muchos casos ante su difusión y empleo generalizado, dicho periodo puede sobreentenderse. Así, por ejemplo, los ingresos de una persona son una corriente o flujo ya que hay que explicar el periodo en el que se han obtenido. Por esto, las corrientes o flujos tienen una clara dimensión temporal. En el lado opuesto, están los fondos o stocks que carecen de ella, aunque exista una referencia a un punto del tiempo. El patrimonio o ahorros de una persona es un claro ejemplo de variable fondo.

Producción final

El PIB mide únicamente la producción final y no la denominada producción intermedia, para evitar así la doble contabilización. Al hacer referencia a bienes y servicios finales, quiere decir que no han de ser tomados en cuenta aquellos bienes elaborados en el periodo para su utilización como materia prima para la creación y fabricación de otros bienes y servicios. Por lo tanto, dentro de bienes y servicios finales se incluyen aquellos producidos en el periodo que, por su propia naturaleza, no se van a integrar en ningún otro proceso de producción, así como aquellos otros bienes que no han llegado a integrarse en el proceso productivo a final del ejercicio, aunque estaban destinados a ello.

Valoración: PIB nominal y PIB real

El producto interno bruto (PIB) se trata del valor total de la corriente de bienes y servicios finales. Ya que el Producto Interno es un agregado (suma total de numerosos componentes), las unidades de medida contenidas en él son heterogéneas (toneladas, kilovatios-hora, etc.). Para conseguir un valor total, es importante transformarlos a términos homogéneos, lo que se consigue dando valores monetarios a los distintos bienes y servicios. El Producto Interno es el resultado de una multiplicación, en la que participan dos grandes factores: uno real, formado por las unidades físicas, bienes y servicios; otro monetario, integrado por sus precios. Así, se concluye que un país aumentaría su Producto Interno en un porcentaje simplemente por haber crecido el nivel general de precios en ese mismo porcentaje. Para evitar las distorsiones o malas interpretaciones que este fenómeno provoca en las comparaciones intertemporales, se aplica el PIB en términos reales, que no se afecta por las modificaciones en los precios, ya que las unidades físicas se valoran siempre tomando como referencia los precios en un año base. Para hallar el PIB real, se divide el PIB nominal por un índice de precios conocido como deflactor del PIB.

1. PIB nominal: es el valor monetario de todos los bienes y servicios que produce un país o economía a precios corrientes en el año en que los bienes son producidos. Al estudiar y evaluar la evolución del Producto Interno Bruto a lo largo del tiempo, en momentos de alta inflación, un aumento sustancial de precios (incluso cuando la producción permanezca constante), puede dar de resultado un aumento importante del PIB, motivado exclusivamente por el aumento de los precios.

2. PIB real: se define como el valor monetario de todos los bienes y servicios producidos por un país o una economía valorados a precios constantes, es decir, según los precios del año que se toma como base o en las comparaciones. Este cálculo se lleva a cabo mediante el deflactor del PIB, según el índice de inflación (o bien computando el valor de los bienes con independencia del año de producción mediante los precios de un cierto año de referencia).

Crecimiento Económico

Es el crecimiento de la renta o aumento del valor de bienes y servicios finales creados por una economía (generalmente de un país o una región) en un determinado periodo (generalmente en un año).

A gran escala, el crecimiento económico es el incremento de ciertos indicadores, como la producción de bienes y servicios, el mayor consumo de energía, el ahorro, la inversión, una balanza comercial favorable, el aumento de consumo de calorías per cápita, etc. La mejora de estos indicadores debería llevar teóricamente a un alza en los estándares de vida de la población.

¿Cómo se mide el crecimiento económico?

Habitualmente el crecimiento económico se mide en porcentaje de aumento del Producto Interno Bruto real o PIB; y se asocia a la productividad. El crecimiento económico, así definido, se ha considerado (históricamente) deseable, porque guarda una cierta relación con la cantidad de bienes materiales disponibles y por ende una cierta mejora del nivel de la calidad de vida de las personas, sin embargo, algunos especialistas han señalado que el crecimiento económico depende del PIB per cápita, es decir el ingreso de los habitantes de un país.

Contabilidad Financiera

Es el campo de la contabilidad que se encarga de resumir, analizar e informar de las transacciones financieras pertenecientes a un negocio. Esto implica la preparación de las declaraciones financieras disponibles para consumo público. Los accionistas, proveedores, bancos, empleados, agencias de gobierno y dueños empresariales, entre otros, usan esta información para tomar decisiones.

La contabilidad financiera está regida por los estándares de contabilidad locales e internacionales. Los principios de contabilidad generalmente aceptados (GAAP por sus siglas en inglés) son el marco estándar de directrices para la contabilidad financiera utilizada en cualquier jurisdicción dada. Esta incluye los estándares, convenciones y reglas que los contables siguen en el registro, resumen y preparación de declaraciones financieras. Por otro lado, las Normas Internacionales de Información Financiera (IFRS por sus siglas en inglés) son un conjunto de estándares de contabilidad que declaran cómo ciertas transacciones y otros acontecimientos tendrían que ser informados en declaraciones financieras. Con los IFRS siendo más y más aceptados en la escena internacional, la consistencia en los informes financieros ha sido más frecuente entre organizaciones globales.

Mientras la contabilidad financiera suele usarse para preparar información de contabilidad para personas fuera de la organización o no implicadas en el día a día de la compañía, la contabilidad de gestión proporciona información de contabilidad para ayudar a los gerentes a tomar decisiones mejores o para dirigir el negocio.

La contabilidad financiera es la preparación de declaraciones financieras que puede ser consumido por cualquiera que tenga interés en un negocio utilizando el Coste Histórico (HCA por sus siglas en inglés) o la Contabilidad de Poder Adquisitivo Constante (CPPA por sus siglas en inglés). Cuando se hacen declaraciones financieras, se tiene que cumplir con lo siguiente:

-    Relevancia: La contabilidad financiera tiene que ser específica en cuestión de decisiones. O sea, tiene que ser posible que la información de contabilidad influya en las decisiones. A no ser que esta característica esté presente, no hay ningún punto en hacer este proceso.

-    Materialidad: La información es material si su omisión o algún error pueda influir en las decisiones económicas de los interesados con base en las declaraciones financieras.

-    Fiabilidad: La contabilidad debe ser libre de riesgos o errores significativos. Los gerentes tienen que poder confiar que lo que se declara es correcto. A menudo, información que es altamente pertinente no es muy fiable, y viceversa.

-    Entendimiento: Los informes de contabilidad tienen que ser expresados lo más claramente posible y tienen que ser entendidos por aquellos a quien la información es pertinente.

\- Comparabilidad: Los informes financieros de periodos diferentes tendrían que ser comparables unos con otros para sacar conclusiones significativas sobre las tendencias en la posición y rendimiento financiero de una entidad con el tiempo. La comparabilidad puede ser asegurada al aplicar las mismas políticas de contabilidad.

¿Conoces los componentes de las declaraciones financieras?

Estado de flujos de efectivo

El estado de flujos de efectivo considera las entradas y salidas de efectivo concreto dentro de un periodo declarado. La plantilla general de un estado de flujos de efectivo es como sigue: Entrada de efectivo - Salida de efectivo + Balance inicial = Balance final

Ejemplo 1: A principio de septiembre, Ellen empezó con $5 en su cuenta de banco. Durante aquel mes, Ellen tomó prestado $20 de Tom. Al final del mes, Ellen compró un par de zapatos por $7. El estado de flujos de efectivo de Ellen para el mes de septiembre se vería así:

- Entada de efectivo: $20

- Salida de efectivo: $7

- Balance inicial: $5

- Balance final: $20 − $7 + $5 = $18

Ejemplo 2: A principio de junio, WikiTables, una compañía que compra y revende mesas, vendió 2 mesas. Originalmente compraron las mesas a $25 cada una, y las vendió a un precio de $50 por mesa. La primera mesa fue pagada en efectivo y la segunda fue comprada a crédito. El estado de flujo de efectivo de WikiTables para el mes de junio se vería así:

- Entrada de efectivo: $50 - ¿Cuánto WikiTables recibido en efectivo para la primera mesa? No recibieron dinero efectivo para la segunda mesa (vendido en plazos de crédito).

- Salida de efectivo: $50 - ¿A cuánto originalmente compraron las 2 mesas?

- Balance inicial: $0

- Balance final: $50 − 2*$25 + $0 = $50–50 = $0 - De hecho, el flujo de efectivo para el mes de junio para WikiTables es $0 y no $50.

Importante: El estado de flujo de efectivo sólo considera el intercambio de dinero real, e ignora lo que la persona en cuestión debe o está debiendo.

Estado de resultados (Declaración de ingreso o Declaración de operaciones)

El estado de resultados indica los cambios en el valor de las cuentas de una empresa durante un período determinado (más comúnmente un año fiscal) y puede comparar los cambios en las mismas cuentas durante el período anterior. Todos los cambios se resumen en la "línea de fondo" como ingreso neto, que a menudo se denomina "pérdida neta" cuando el ingreso es menor que cero.

El beneficio o la pérdida está determinado por:

Ventas (ingresos) – Costo de los bienes vendidos – Gastos totales + Ingresos totales – Impuestos pagados = Ganancia/Pérdida

- Si el resultado es negativo, es una pérdida.

- Si el resultado es positivo, es un beneficio.

Balance general (Balance de situación)

El balance general es la declaración financiera que muestra los activos, pasivos y recursos propios de una empresa en una fecha específica, usualmente el final del año fiscal reportado en el estado de resultados correspondiente. Los activos son iguales a la suma de los pasivos y los recursos propios. El balance ayuda a mostrar el estado de una compañía.

Las normas contables a menudo establecen un formato general que las empresas deben seguir al presentar sus balances. Normalmente, la IFRS requieren que las compañías reporten activos y pasivos corrientes separadamente de los montos no corrientes.

Los activos corrientes incluyen:

- Efectivo - Dinero físico.

- Cuentas por cobrar - Ingresos obtenidos pero aún no cobrados.

- Inventario de mercancías - Consiste en bienes y servicios que una empresa posee actualmente hasta que termina vendiéndose.

- Valores negociables - Acciones y bonos que una empresa ha invertido en otras empresas.

- Gastos pagados por adelantado - Gastos pagados por adelantado para uso durante ese año.

Los activos no corrientes incluyen activos fijos o de largo plazo y activos intangibles:

Activos fijos (a largo plazo):

- Propiedades

- Edificios

- Equipos (tales como maquinaria)

Activos intangibles:

- Derechos de autor

- Marcas registradas

- Patentes

- Fondo de comercio

Los pasivos incluyen:

Pasivos corrientes:

- Cuentas por pagar

- Dividendos pagables

- Salarios de los empleados a pagar

- Interés (por ejemplo, deuda) pagables

Pasivos a largo plazo:

- Pagares hipotecarios

- Bonos a pagar

Los pasivos típicamente tienen la palabra "pagable" en un balance general.

Los recursos propios son representados de manera diferente dependiendo del tipo de propiedad empresarial. La propiedad empresarial puede ser en la forma de un único dueño, una sociedad de negocios o una corporación. Para una corporación, los recursos propios del dueño normalmente son acciones comunes y ganancias retenidas (los ingresos que se mantuvieron en la compañía). Las ganancias retenidas provienen de la declaración de ganancias retenidas, preparado antes que el balance general.

Conceptos importantes a manejar

La suposición de la unidad monetaria estable: Uno de los principios básicos en contabilidad es la suposición de la "unidad monetaria estable":

"La unidad de la medida en contabilidad será la unidad de dinero de la base de la moneda más pertinente. Esta suposición también asume que la unidad de medida es estable; esto es, cambios en su poder adquisitivo general no son considerados lo suficientemente importante para requerir ajustes a las declaraciones financieras básicas."

La Contabilidad de Coste Histórico, el mantenimiento capital financiero en unidades monetarias nominales, está basado en la suposición de la unidad monetaria estable, bajo el cual los contables sencillamente suponen que el dinero, la unidad monetaria de medida, es perfectamente estable en valor real para el propósito de medir:

- Elementos monetarios no catalogados por inflación diariamente en términos de CPI diario.

- Elementos no monetarios con valor real constante no actualizados diariamente en plazos de CPI diario durante inflación y deflación baja y alta.

Unidades de poder adquisitivo constante: La suposición de unidad monetaria estable no es aplicada durante la hiperinflación. La IFRS requiere entidades para implementar mantenimiento capital en unidades de poder adquisitivo constante basado en el IAS Financial Reporting in Hyperinflationary Economies.

Los contables financieros producen declaraciones financieras basados en los estándares de contabilidad en una jurisdicción dada. Estos estándares pueden ser los Principios de Contabilidad Generalmente Aceptados de un país respectivo, los cuales son típicamente emitidos por una persona encargada de establecer los estándares a nivel nacional, o las Normas Internacionales de Información Financiera, los cuales son emitidos por la Junta de Normas internacionales de Contabilidad.

La contabilidad financiera tiene los siguientes propósitos:

- Producir declaraciones financieras con propósito general.

- Producir la información utilizada por la administración de una entidad empresarial para tomar decisiones, hacer planes y hacer evaluación de rendimiento.

- Producir declaraciones financieras para alcanzar requisitos reguladores.

Objetivos de Contabilidad Financiera

Registro sistemático de transacciones: el objetivo básico de contabilidad es sistemáticamente registrar los aspectos financieros de transacciones empresariales ("hacer los libros"). Las transacciones registradas son más tarde clasificadas y resumidas lógicamente para la preparación de declaraciones financieras y para su análisis e interpretación.

Comprobación de los resultados de las transacciones registradas: el contable prepara cuentas de beneficio y cuentas de pérdida para saber el resultado de las operaciones empresariales por un periodo particular de tiempo. Si los gastos superan los ingresos, entonces se dice que la empresa está corriendo bajo pérdida. Las cuentas de beneficio y pérdida ayudan a la administración y a los inversionistas -potenciales o actuales- en tomar decisiones racionales. Por ejemplo, si no se puede probar que un negocio es remunerante o provechoso, la causa de tal estado puede ser investigado por la administración para tomar acción.

Comprobación de la posición financiera de la empresa: los hombres de negocio no están sólo interesados en saber el resultado del negocio en términos de beneficios o pérdidas por un periodo particular, sino también de aquello que debe (pasivos) a otros y que posee (activos) en una fecha específica. Para saber esto, el contable prepara un balance general en una fecha particular y ayuda en constatar la salud financiera del negocio.

Proporcionar información a los usuarios para hacer decisiones racionales: la contabilidad como 'lengua empresarial' comunica el resultado financiero de una empresa a varios grupos de interés mediante declaraciones financieras. La contabilidad pretende cubrir las necesidades de información financieras y ayuda en hacer decisiones racionales.

Posición de solvencia: al preparar la hoja de equilibrio, la administración no sólo revela lo que la empresa tiene y debe, pero también da información sobre su capacidad de pagar sus pasivos a corto plazo (posición de liquidez) y también a largo plazo (posición de solvencia) además de cuánto se debe y cuándo se debe pagar.

Principios de la contabilidad

Son un conjunto de reglas, estipulaciones y normas que funcionan como guía contable para formular criterios referidos a la medición de patrimonio y a la información de los elementos patrimoniales y económicos de una entidad. Conforman parámetros para que la confección de los estados financieros sea sobre la base de métodos uniformes de técnica contable. Estos tienen como objetivo la uniformidad en la presentación de las informaciones en los estados financiero, sin importar la nacionalidad de quien los estuvieres leyendo e interpretando.

Está compuesto por 14 principios:

Principio de Equidad

El principio de equidad es sinónimo de imparcialidad y justicia, y tiene la condición de postulado básico. Es una guía de orientación con el sentido de lo ético y justo, para la evaluación contable de los hechos que constituyen el objeto de la contabilidad, y se refiere a que la información contable debe prepararse con equidad respecto a terceros y a la propia empresa, a efecto de que los estados financieros reflejen equitativamente los intereses de las partes y que la información que brindan sea lo más justa posible para los usuarios interesados, sin favorecer o desfavorecer a alguien en particular.

1. **Principio de Entidad**

El principio de ente o principio de entidad establece el supuesto de que el patrimonio de la empresa se independiza del patrimonio personal del propietario, considerado como un tercero. Se efectúa una separación entre la propiedad (accionistas o socios o propietario) y la administración (gerencia) como procedimiento indispensable de rendir cuenta por estos últimos. La entidad tiene una vida propia y está sujeto a derechos y obligaciones, distinto de las personas que lo formaron.

Los propietarios son acreedores de las empresas que han formado y aunque tengan varias empresas, cada una se trata como una entidad separada, por lo que el propietario es un acreedor más de la entidad o compañía, al que contablemente se le representa con la cuenta capital.

Principio de Bienes Económicos.

Los estados financieros se refieren siempre a bienes económicos, es decir, bienes materiales e inmateriales que posean valor económico y por ende susceptibles de ser evaluados en términos monetarios.

Cualquier activo, como caja, mercaderías, activos fijos en poder y/o uso de la entidad y sobre el cual se ejerce derecho, sin estar acreditado necesariamente la propiedad de la misma, mientras no entre en conflicto con tercetos que también reclaman la propiedad, están sujetos a ser registrados en libros en vía de regulación, a través de un asiento de ajuste, tratamiento que se hace extensivo a las diferencias en los costos de adquisición o registro en fecha anterior.

Principio de Moneda de Cuenta

Los estados financieros reflejan el patrimonio mediante un recurso que se emplea para reducir todos sus componentes heterogéneos a una expresión que permita agruparlos y compararlos fácilmente. Se trata de elegir una moneda de cuenta y valorizar todos los elementos patrimoniales aplicando un precio a cada unidad. Por lo general, es utilizado como el dinero que cuenta con curso legal en el país dentro del cual funciona la "entidad" y en este caso el "precio" debe estar dado en unidades de dinero de curso legal.

En aquellos casos donde la moneda utilizada no constituya un patrón estable de valor, en razón de las fluctuaciones que experimente, no se altera la validez del principio que se sustenta, por lo cual es factible la corrección mediante la aplicación de mecanismos apropiados de ajuste.

Principio de Empresa en marcha

Se trata de todo organismo económico cuya existencia personal tiene plena vigencia y proyección futura. Este principio también conocido como continuidad de la empresa se basa en la presunción de que la empresa continuará sus operaciones por un tiempo indefinido y no será liquidado en un futuro previsible, salvo que existan situaciones como: significativas y continuas pérdidas, insolvencia, etc.

Una empresa u organización en marcha agrega valor a los recursos que utiliza, estableciendo su ganancia por diferencia entre el valor de venta y el costo de los recursos utilizados para generar los ingresos, mostrando en el balance general los recurso no consumidos a su costo de adquisición, y no a su valor actual de mercado.

Principio de Valuación al Costo

El valor del costo (adquisición o producción) está conformado por el criterio principal y básico de la valuación, la cual es condicional en la formulación de los estados financieros llamados "de situación", conjuntamente con el concepto de "empresa en marcha", razón por la cual esta norma adquiere el carácter de principio.

Este principio implica que no debe adoptarse como criterio de valuación el "valor de mercado", entendiéndose como tal el "costo de reposición o de fabricación". Sin embargo, el criterio de "valuación de costo" ligado al de "empresa en marcha", cuando esta última condición se interrumpe o desaparece, por esta empresa en liquidación, incluso fusión, el criterio aplicable será el de "valor de mercado" o "valor de probable realización", según corresponda.

Principio de Ejercicio

El principio de ejercicio (periodo) significa dividir la marcha de la empresa en periodos uniformes de tiempo, a efectos de medir los resultados de la gestión y establecer la situación financiera del ente y cumplir con las disposiciones legales y fiscales establecidas, particularmente para determinar el impuesto a la renta y la distribución del resultado. En esta información periódica también están interesados terceras personas, como es el caso de las entidades bancarios y potenciales inversionistas.

Principio de Devengado

El significado de devengar se refiere a reconocer y registrar en cuentas a determinada fecha, eventos o transacciones contabilizables. En la aplicación del término devengado, se registran los ingresos y gastos en el periodo contable al que se refiere, a pesar de que el documento de soporte tuviera fecha del siguiente ejercicio o que el desembolso pueda ser hecho todo o en parte en el ejercicio siguiente. Este principio elimina la posibilidad de aplicar el criterio de lo percibido para la atribución de resultados.

Principio de Objetividad

Los cambios que pueden ocurrir en los activos, pasivos y en la expresión contable del patrimonio neto, deben estar reconocidos y destacados de manera formal en los registros contables, tan pronto como puedan ser medidos objetivamente y expresar esa medida en moneda de cuenta. La objetividad en términos contables es una evidencia que respalda el registro de la variación patrimonial.

Realización

Los resultados económicos solo deben computarse cuando sean realizados, o sea, cuando la operación que los origina queda perfeccionada desde el punto de vista de la legislación o prácticas comerciales aplicables y se hayan ponderado fundamental todos los riesgos inherentes a tal operación. Se debe establecer con un carácter general que el concepto realizado participa en el concepto devengado.

Principio de Prudencia

La prudencia significa que cuando haya que elegir entre dos valores por un elemento de activo, normalmente se debe optar por el más bajo, o bien que una operación se contabilice de tal manera que la cuota del propietario sea menor. Este principio general se puede expresar también diciendo: "contabilizar todas las pérdidas cuando se conocen y las ganancias solamente cuando se hayan realzado".

Principio de Uniformidad:

Este principio de contabilidad establece que, una vez elaborado unos criterios para la aplicación de los principios contables, estos deberán mantenerse siempre que no se modifiquen las circunstancias que propiciaron dicha elección.

Principio de Materialidad (Significación o Importancia Relativa)

Al considerar la correcta aplicación de los principios generales y de las normas particulares debe necesariamente actuarse en sentido práctico. El principio de significación, el cual, también conocido como materialidad, está dirigido por dos aspectos fundamentales de la contabilidad: Cuantificación o Medición del patrimonio y Exposición de partidas de los estados financieros.

Principio de Exposición

Este principio implica formular todos los estados financieros en forma comprensible y entendible para los usuarios. Tiene relación directa con la presentación adecuada de los rubros contables que agrupan los saldos de las cuentas, para una correcta interpretación de los hechos registrados.

Clasificación de la contabilidad

La contabilidad se clasifica de acuerdo a las actividades para las que vaya a ser utilizado. Es decir que se divide en dos grades sectores que son: Privada y Oficial.

Los tipos de contabilidad son:

- Contabilidad Pública: es una rama especializada de la Contabilidad que permite desarrollar los diversos procesos de medición, información y control en la actividad económica de la Administración Pública. Es con base en la Contabilidad Pública que los hechos económicos en los cuales intervienen los entes públicos quedan registrados en cuentas, de tal forma que en todo momento puede conocer si el estado de los derechos y obligaciones, así como grado de recaudo de los distintos ingresos tributarios, las inversiones, costo y gasto inherente al proceso económico, efectuados en desarrollo de la función administrativa o cometido.

En contraste con el contador público, quien presta su servicio a muchos clientes, en la industria privada el contador es un empleado de una sola empresa. El jefe del departamento de contabilidad de una empresa pequeña o mediana generalmente se llama contralor, en reconocimiento al hecho de que uno de los usos principales de la información contable es el de ayudar a controlar las operaciones del negocio. El contralor debe dirigir el trabajo del equipo del departamento de contabilidad, hace parte del equipo de la alta gerencia encargado de manejar el negocio, establecer sus objetivos y asegurar su cumplimiento. Los contadores de las empresas privadas, sean grandes o pequeñas, deben registrar todas las transacciones y preparar los estados financieros periódicos a partir de los registros contables.

- Contabilidad de costos: es la rama de la contabilidad encargada de la clasificación, contabilización, distribución, recopilación de información de los costos corrientes y en perspectiva.

Están incluidos en el área de la contabilidad de costos: el diseño y la operación de los sistemas y procedimientos de costos, la determinación de costos por departamentos, funciones, responsabilidades, actividades, productos, territorios, periodos y otras unidades, así mismo, los costes futuros previstos o estimados y los costes estándar o deseados, así como también los costos históricos; la comparación de los costos de diferentes periodos; de los costos reales con los costos estimados, presupuestados o estándar, y de los costos alternativos.

El contador de costos busca clasificar los costos en función a patrones de comportamiento, actividades y procesos en los cuales se relacionan productos a los que corresponden y otras categorías, dependiendo del tipo de medición que se desea. Teniendo esta información, el contador de costos calcula, informa y analiza el costo para realizar diferentes funciones como la operación de un proceso, la fabricación de un producto y la realización de proyectos especiales. También prepara informes que coadyuvan a la administración para establecer planes y seleccionar entre los cursos de acción por los que pueden optarse. En general, los costos que se reúnen en las cuentas sirven para tres propósitos generales: Proporcionar informes relativos a costos para medir la utilidad y evaluar el inventario (estado de resultados y balance general). Ofrecer información para el control administrativo de las operaciones y actividades de la empresa (informes de control). Proporcionar información a la administración para fundamentar la planeación y la toma de decisiones (análisis y estudios especiales).

Efectivamente, al poder analizar, controlar e interpretar los costos de producción, distribución, administración y financiación gracias a la contabilidad de costes, el cálculo del margen de beneficios es mucho más exacta.

- Contabilidad financiera: se refiere a la obligatoriedad de presentar todos los estados contables para terceros como accionistas, inversiones, gentes reguladores públicos, etc., y la necesidad de que la información presentada o demostrada a terceros sea uniforme, lo que hizo que la contabilidad se convirtiera en la confección de los Estados Contables para terceros y no tanto en colaborar en la confección de información para la gestión empresarial. Este objetivo de suministrar información a personas o entidades ajenas a la sociedad es el que principalmente lo diferencia de la contabilidad administrativa.

En la actualidad debido a las facilidades existentes como consecuencia de los grandes avances informáticos, tanto la información para terceros como la información para la toma de decisiones internas de la empresa deben salir de un sistema contable único e integrado.

Es una técnica o fórmula utilizada en la producción sistemática y estructural de la información cuantitativa expresada en unidades monetarias de las transacciones que realiza una entidad económica y de ciertos eventos económicos identificables y cuantificables que la afectan, con el objeto de facilitar a los diversos interesados el tomar decisiones en relación con dicha entidad económica. Muestra la información que se facilita al público en general, y que no participa en la administración de la empresa, como son los accionistas, los acreedores, los clientes, los proveedores, los sindicatos y los analistas financieros, entre otros, aunque esta información también tiene mucho interés para los administradores y directivos de la empresa. Esta contabilidad permite conseguir la información sobre la posición financiera de la empresa, su grado de liquidez y sobre la rentabilidad de la empresa.

- Contabilidad fiscal: se centra en los criterios fiscales concretados legalmente en cada país, donde se define cómo se debe llevar la contabilidad a nivel de fiscal. Es innegable la importancia que reviste la contabilidad fiscal para los empresarios y contadores; ya que comprende el registro y la preparación de informes tendientes a la presentación de declaraciones y el pago de impuestos.

- Contabilidad administrativa: También llamada contabilidad gerencial, diseñada o adaptada a las necesidades de información y control a los diferentes niveles administrativos. Se refiere de manera general a la extensión de los informes internos, de cuyo diseño y presentación se hace responsable actualmente el contador de la empresa. Está orientada a las características administrativas de la empresa y sus informes no salen de la compañía, o sea, su uso es estrictamente interno y serán utilizados por los administradores y propietarios para juzgar y evaluar el desenvolvimiento de la entidad sobre las políticas, metas u objetivos preestablecidos por la gerencia o dirección de la empresa; tales informes permitirán comparar el pasado de la empresa, con el presente y mediante la aplicación de herramientas o elementos de control, prever y planear el futuro de la entidad.

También puede proporcionar cualquier tipo de datos sobre todas las actividades de la empresa, pero suele centrarse en analizar los ingresos y costos de cada actividad, la cantidad de recursos utilizados, así como la cantidad de trabajo o depreciación de la maquinaria, equipos o edificios. La contabilidad permite ubicar y conseguir información periódica sobre la rentabilidad de los distintos departamentos o áreas de la empresa y la relación entre las previsiones efectuadas en el presupuesto, además. puede explicar por qué se han producido desviaciones. La contabilidad administrativa no está regulada por normas o reglamentos como en la contabilidad financiera, pues su propósito es servir a la alta dirección en la elaboración de informes gerenciales para la toma de decisiones.

La contabilidad administrativa es aquella que proporciona informes basados en la técnica contable que ayuda a la administración, a la creación de políticas para la planeación y control de las funciones de una empresa.

Se ocupa de la comparación cuantitativa de lo realizado con lo planeado, analizando por áreas de responsabilidad.

- Contabilidad por actividades: modalidad de la contabilidad administrativa que implica la clasificación y operación de las cuentas de distintas actividades, con objeto de facilitar el proceso de ajustar a un plan el funcionamiento de una organización; una contabilidad por funciones. Su aplicación más importante se indica en situaciones o momentos en que el planeamiento por adelantado, la autoridad, la responsabilidad y la obligación de dar cuenta pueden asociarse con centros o unidades pequeñas de operación. Por su énfasis en cuanto a la responsabilidad sobre las operaciones y el rendimiento de cuentas, la contabilidad por centros de actividad proporciona una mayor realidad, así como también un incentivo en la delegación de la autoridad administrativa.

- Contabilidad de organizaciones de servicios: es aplicable a todos los tipos de organizaciones e industrias de servicios y son definidas de varias formas. Son organizaciones que producen un servicio, mas que un bien tangible como las firmas de contadores públicos, firmas de abogados, consultores administrativos, firmas de propiedad raíz, compañía de transporte, bancos y hoteles. La mayoría de las organizaciones no lucrativas o no para utilidad son industrias de servicios. Ejemplos: hospitales, escuelas y un departamento de reforestación.

- Contabilidad Gerencial: este proceso necesita datos que son obligatorios, como por ejemplo, quién emite y recibe facturación, descripción de los artículos, cantidades, costos unitarios y totales de los productos o servicios, formas de pago (efectivo, transferencia, cheque o desconocido) por mencionar algunos. Entre estos registros se incluyen los siguientes: Inventarios, Métodos de Evaluación y Estados de Cuenta.

Estos reportes deben de ser transformados en archivos electrónicos con la extensión XML, codificados con ayuda de un sistema informático. En México, a partir del 1 de julio de 2014, están obligados a llevar contabilidad electrónica y enviar esta información al SAT las personas morales, incluidas las personas morales con fines no lucrativos, y las personas físicas con actividad empresarial.

Conclusión

La contabilidad tiene muchas extensiones. Entre sus principales aliados tiene al presupuesto, ahorro, inversión y costo pues todos estos cumplen una función muy importante en la contabilidad. Muchas personas se capacitan para entender y comprender esta ciencia, porque sí, esto, al igual que cualquier área que contenga matemática, es una ciencia muy exacta, y debe tener un estudio estricto de todas las finanzas de una empresa, de un presupuesto familiar, y de cualquier emprendimiento.

Los expertos en contabilidad siempre ven todos los flancos posibles ante una situación o desarrollo económico de una empresa u organización, evaluando los costos, capital, activos, pasivos, patrimonios, gastos varios, y la fluctuación financiera de los ingresos y egresos de la organización. Esto siempre permite mantener la estabilidad de la compañía, permite saber cuál es el alcance económico que tiene la organización para gastar o invertir parte de su capital, y así prever cualquier desastre o situación de emergencia que requiera acciones rápidas.

La Contabilidad tiene diversos tipos y clasificaciones, contando con dos principales, las privadas y las empresariales, las cuales fueron desglosadas y explicadas con detalle durante el desarrollo de este material. Aunque es muy necesario contar con el apoyo de un experto en contabilidad, tú mismo puedes manejarlas al principio, entender cómo funciona y cuidar la económica de tu propio emprendimiento, pero a medida que vaya aumentando su capacidad, su cantidad y su estructura, debes empezar a considerar la opción de contratar a un experto en esa materia, pues debes evitar a toda costa cualquier riesgo financiero que tal vez tu ojo no puede detectar, y el de un experto en la materia sí.

La contabilidad no solo funciona en el ámbito privado o empresarial, sino en el área gubernamental u organizacional, pues en todas las obras, partidas o proyectos que desea desarrollar un organismo debe tener una minuciosa contabilidad, para evitar la fuga de capitales, el cumplimiento de los presupuestos en lo pautado, evitar los robos o derogación incorrecta de esos fondos por parte de los encargados, o incluso para evitar las mafias y estafas por parte de los contratistas. En el caso de las obras públicas o que son ejecutadas por el gobierno de un país, se debe tener muchísimo más cuidado, pues son obras extremadamente grandes y hay muchísimas personas involucradas en ellas, empezando por los políticos o jefes gubernamentales, e incluso los contadores son auditados constantemente para verificar que estén cumpliendo con su trabajo de contabilizar las finanzas del gabinete de gobierno.

Existen 14 principios de la contabilidad, los cuales se deben respetar y velar por su cumplimiento para un correcto desarrollo de la actividad financiera, y aunque los mencionamos en el libro, aquí los destacamos:

1. Principio de Equidad

2. Principio de Entidad

3. Principio de Bienes Económicos

4. Principio de Moneda de Cuenta

5. Principio de Empresa en marcha

6. Principio de Valuación al Costo

7. Principio de Ejercicio

8. Principio de Devengado

9. Principio de Objetividad

10. Realización

11. Principio de Prudencia

12. Principio de Uniformidad:

13. Principio de Materialidad (Significación o Importancia Relativa)

14. Principio de Exposición

Respetar estos principios, asegura un correcto desarrollo dentro de la actividad contable de una persona u organización, pues se apegan a los hechos realistas de las diferentes situaciones que se pueden presentar en la actividad económica, contable y presupuestaria de una compañía. Aunque cuentes con el apoyo de un contador, o experto en el área contable, es importante que te capacites dentro de la contabilidad, conocer los conceptos básicos, los planes de ejecución y el funcionamiento de esta materia, para que puedas hacer un monitoreo y auditoria constante del comportamiento de tu empresa, además, de hacer el seguimiento correspondiente cada cierto tiempo para asegurarte de que todo está marchando en orden.